U0003669

Smile, please

一行禪師
Thich Nhat Hanh

怎麼走

How to Walk

張怡沁　譯

smile 126

【跟一行禪師過日常】怎麼走

作者：一行禪師（Thich Nhat Hanh）
譯者：張怡沁
責任編輯：潘乃慧
封面設計、繪圖：王春子
校對：呂佳真
法律顧問：董安丹律師、顧慕堯律師
出版者：大塊文化出版股份有限公司
台北市105022南京東路四段25號11樓
www.locuspublishing.com
讀者服務專線：0800-006689
TEL：(02)87123898   FAX：(02)87123897
郵撥帳號：18955675   戶名：大塊文化出版股份有限公司
版權所有   翻印必究

總經銷：大和書報圖書股份有限公司
地址：新北市新莊區五工五路2號
TEL：(02) 89902588   FAX：(02) 22901658
初版一刷：2016年9月
初版十七刷：2023年5月

定價：新台幣160元
Printed in Taiwan

目錄

首先提起腳。吸氣。向前踏步，先放下腳
跟，然後是腳趾。呼氣。感受腳底穩定地踏
在大地上。你已經到了。

走路時，我們多半只想到一件事，那就是要去到某個地方。但是從啟程到終點之間，我們在哪裡呢？我們每踏出一步，都能感受到行走在堅實大地的奇蹟。於是隨著每個步伐，我們來到當下一刻。

我們剛學走路時，走路純粹就是享受走路。
我們一邊走、一邊發現經歷的每時每刻。現
在，我們可以再次以學步那樣的精神來好好
走路。

行走筆記

你到了

走路時，每一步都讓你到達了，這就是行禪，沒有別的訣竅。

12

為何而走?

有人問我:「你為什麼要練習行禪?」我最好的答案是:「因為我喜歡啊。」每一步都帶給我快樂。如果你不覺得自己走的每一步是享受,那就沒有行禪的必要了;不過是浪費時間罷了。禪坐也是一樣的道理。如果有人問:「坐上好幾小時,到底有什麼用呢?」最好的回答是:「因為我喜歡坐禪。」靜坐與行禪可以帶來平靜與快樂。我們必須好好學習怎麼坐與怎麼走,那麼在坐下或行走的時間裡,自然能創造平靜與喜樂。學著走,是為了享受每一步。正念與專注可以提升我們呼吸、靜坐與行走的品質。

抵達

其中一項最有深度的教導，也是最簡潔的：
「我到了。」回到自己的呼吸，就是回到當
下，回到真正的家。我們不需要拚命地去到
哪裡，畢竟人生終點不就是一方墓地。何必
急著走向終點呢？為什麼不順著生命方向
走，也就是此時此地？即使只是練習行禪數
日，我們都能經歷深層的轉化，學到如何在
生命的每個片刻享受平靜。我們微笑，那麼
宇宙裡無數的生命也會對我們微笑，因為我
們的平靜是如此深深扎根。我們所思、所
感、所做的每件事，都會影響到先輩與未來
的世代，在浩瀚宇宙間迴盪。

喜樂練習

我們可能以為喜悅是自然而來的感受。極少
數人知道，喜悅感需要培養與練習，才會生
根發芽。正念，就是持續練習深入經驗生活
裡的每個時刻。保持正念的意思是，與當下
的身心真實共處，讓意圖與行動取得一致，
最終與周遭的人和諧相處。我們不需要在日
常活動之外，特別挪出時間。每一天的每一
刻，當我們從某處移動到他處時，都可以練
習正念。穿過一道門，明白自己正在通過那
扇門，我們的心就與行動連結了。

行走在地球這樣的星球上

在這星球上行走是非常美好的。太空人回到地球之後，其中一件樂事就是好好散步。回到家鄉，在每個步伐中欣賞綠草、植栽、花朵、動物與飛鳥。你覺得，他們回到地球後，這樣享受的時光會延續多久呢？我猜，前十天應該是妙不可言，但最終他們便習以為常了，或許一年後，不再像返家頭幾個月那樣品味散步的快樂。我們在地球每跨出一步，就能欣賞腳下實實在在的大地。

我為你而走

與我同輩的許多朋友，還有我的眾多長輩，已經離世。我有個好朋友必須以輪椅代步，無法走路。另一個朋友膝蓋嚴重疼痛，無法上下樓梯。於是我為他們而走。我吸氣時，會對自己說：「我還能這樣走路，真是太好了。」帶著這樣的覺知，我享受跨出的每一步。我會說：「我還活著！」正念提醒我注意到身體存活著，而且具備充分的力氣帶我行走，所以我享受走路。

夢遊

世人行色匆匆，奔波一地又一地，只為追尋快樂。我們行路宛如夢遊，對於當下的行動毫無喜悅可言。儘管腳下行走，腦子裡總是盤算著別的事：計畫、組織、擔憂。其實，我們根本不必奔波，只要一次一次將專注帶回呼吸與腳步，就像是重新甦醒。每個步伐都將我們帶回此時此地。腳下接觸大地，眼裡是藍天美景，周圍是大自然的奇蹟。每個步伐都是獲得正念、專注與洞察力的機會。

啓發

行禪，持續樂在其中，這一點也不難。得到啟發並不需要十年的正念練習，只要花幾秒鐘，對自己腳下的步伐保持覺察，這就夠了。每個人都可以帶著正念觀察自己的吸氣與呼氣。吸氣時，知道你正在吸氣，覺察到自己的身體，你吸進的這口氣正在滋養你的身體。同時也覺察到雙腳有力的支持，讓你享受每一個步伐。這也是一種啟發。呼氣時，知道氣息正離開身體，覺察自己依舊活著。這份覺察能帶給你無上的快樂。

在機場行走

去機場時，我喜歡早到，於是在飛機起飛前，我還有充裕的時間練習行禪。大約三十年前，我在檀香山機場行禪，有人上前問我：「請問您是？您的修行屬於哪個傳承？」我反問：「您問這個做什麼？」他說：「我看您走路的方式跟其他人很不一樣，感覺好平靜、好放鬆。」我沒有發表演說或主持討論會，他只是因為我走路的模樣上前攀談。你走的每一步，都能創造內在的平靜，將快樂傳遞給周遭的人。

爬山

有一次，我代表團一行人造訪中國，還爬了知名的五台山。山徑非常陡峭，通常上了山頂，人也累壞了。這山徑共有一千零八十級階梯。出發前，我建議團員每次呼吸便踩上一級階梯，放鬆；接著下個呼吸再上另一級階梯，放鬆。我們希望在上山的同時，也能享受爬山過程的每個片刻。每爬十個階梯左右，我們會坐下環顧四周，帶著微笑呼吸。我們不是非得到達山頂，而是每爬一級階梯都帶著平和、寧靜、堅定與自由。等我們站上山頂，大家都精神充沛、十分開心。即便

是上坡的每一層階梯，都能帶來正念、專

注、喜樂與洞察。

與貝里根牧師同行

在紐約的某一天，我邀請貝里根牧師（Daniel Berrigan）到中央公園走走。他是詩人，也是和平運動分子。我跟他說：「我們不說話，只是走路。」貝里根牧師比我高得多，生著一雙長腿，他跨一步等於我的兩步。剛開始，我們還能並肩而行，但幾步之後，他就把我遠遠拋下了。他轉過身沒發現我，便停下來等候。我並沒有趕上前去，而是照我原來設定的步調緩步而行，用自己的速度，保持正念。我決意專注在步伐與呼吸上，不然我會失去專注，心裡只想著要趕快。每次我跟上牧師、並肩走了沒多久，他

又會超過我。同樣地，我也一直堅持自己的速度。日後，他來法國拜訪我，有了修習行禪的機緣。後來他回紐約，就能夠不疾不徐地走路了。

在美當中行走

你可以在熙來攘往的街道上，保持正念地行走。然而，有時選擇公園這樣美麗靜謐的地點練習，會很有幫助。慢慢走，但也不要慢得過分，這樣所有的注意力都只放在自己身上了。這是一種無形的練習。享受自然，以及自身的寧靜，但不用讓他人覺得不自在或是過於炫耀。如果你看到什麼，想停下來好好欣賞，像是藍天、山丘、綠樹或小鳥，那就停住，繼續帶著正念吸氣、呼氣。要是我們沒有持續地意識呼吸，那麼思緒遲早會介入，而小鳥與綠樹也就消失了。

奔跑

每個人都有忍不住奔波的衝動。因為我們以為快樂不可能存在當下此刻，於是往往趕向未來，追尋快樂。這種慣性的力量可能來自我們的父母或祖先。奔跑成了一種習慣。即便在夢裡，我們也是忙著奔波，在尋找什麼。正念練習讓我們停下奔跑的腳步，看到自己追尋的原本就在身邊。很多人這輩子奔波不停。帶著正念的步伐能讓我們停止奔波，而心專注於呼吸和走路，我們整合了身體、語言與思考，也就回到了家。

點與點的移動

在每個步伐裡，我們都能樂在其中，不僅限於行禪練習。任何時間，只要你準備從某處前往另一個地方，不管距離有多短，都可以享受行走這件事。就算只踏出五步，這五步也要帶著正念，感受每一步當中的穩定。爬樓梯時，帶著喜悅踏上每一階。在每個步伐中產生正面的能量，將這份能量傳送到周遭世界。

靜默

在法國西南部的梅村，也就是我居住的禪修中心，我們走路時是不說話的，這樣才能百分之百地享受走路這件事。如果走路時談天說地，那就很難深入體會你的每一步，當然也不能純粹享受走路了。這跟喝茶的道理相仿：若是你全心全意，專心投入喝眼前的這杯茶，那麼這杯茶對你來說就是無上的喜樂。正念與專注能帶來愉悅與洞察力。

為了祖先與子孫而走

我們所有的祖先與未來後代，一直與我們同在。快樂從來不是個人的事。只要內在的祖先仍在受苦，我們便不可能快樂，而這些苦會傳遞給我們的孩子及孩子的後代。走路時，為了我們的祖先與未來世代跨出步伐；或許他們曾帶著傷痛步行，也可能被迫萬里長征或離鄉移民。當我們自由地踏出每一步，就該為他們而走。如果我們自由快樂地踏出每一步，帶著正念接觸腳下大地，這樣踏出的步伐可以有成千上萬。這樣的行走是為了自己，也為了所有前人與未來世代。因為我們都來到當下，一同找到寧靜與快樂。

生命停駐的所在

帶著正念行走時，就單單享受走路這件事。走路的同時，儘管是移動的狀態，也要隨時處於當下，這是練習的竅門。真正的終點就是當下此地，因為生命只存在於此時此地。一切偉大的存有只停駐在「此時此地」，寧靜與光明也同樣駐留在「此時此地」。你知道該往哪裡去。每次吸氣、每次呼氣、每個步伐，都應該帶領你回到這個停駐點。

將整個身體投入

將百分之百的自己放在跨出的這一步。腳底接觸地面時,你創造了活著的奇蹟。每一步踏出去,讓自己的存在更真實,也讓地球真實地存在。這個練習必須帶著堅定與決心,因為你要克制慣性的力量,免得自己又不自覺地加快速度或沉入思緒裡。將所有的注意力帶到腳底,用彷彿親吻大地的方式踏出每一步,讓腳底確實接觸到大地。每個步伐都像是國王在奏摺上用印一般。請將你的堅定、自由和平靜一步步印在地球上。

停下腳步，找到平靜

如果心情很糟，走路是找回平靜的好方法。
走路時，如果把所有覺察都聚焦在走路上，
思緒便暫停了，那麼編造故事、歸咎責難，
以及批判等腦子裡的活動就此停歇，也不會
把我們帶離當下。專注在身體時，腦袋裡永
無止境的思考也會中止。事事不順心的時
候，暫時別去想，這麼一來，令人不快的破
壞性能量就無法累積。停止思考並不是壓
抑，而是先找到內心平靜。如果我們希望海
面風平浪靜，絕對不是去舀乾海水；少了海
水，那就什麼都沒有了。當我們發現心中生
出憤怒、恐懼或焦慮，不必急著驅散這些情

緒，只要帶著覺察，吸氣、呼氣，以正念踏出每一步，容許自己深深進入此時此地，因為生命只存在於此刻。光是如此，便足以平撫內在風暴。

重新作主

當我們身不由己，遭到各方的力量拉扯，等於無法作主，也沒了自由。別讓自己被推著走。抵抗外力的左右。每個充滿正念的步伐，都能幫助我們邁向自由。這種自由並不是政治形式的自由，而是脫離過去與未來、不受擔憂與恐懼綑綁的自由。

就只是走路

走路時，僅僅走路就好。別去想。別說話。如果你想跟人說話或吃點東西，大可停下腳步，專心做那件事。這麼一來，走路時你能完全融入當下，與人交談時，也全然地為對方而在。你可以隨處坐下，安靜地打通電話，或是帶著正念進食，喝果汁。

走路本身就是奇蹟

此時此地是我們最真實的家。活在當下，就是個奇蹟。當我吸氣，完全活在當下時，我看自己是奇蹟。當我帶著正念凝視橘子，橘子是奇蹟。帶著正念剝開橘子，吃橘子也是奇蹟。你還活在世上，這件事本身就是奇蹟。有了正念的力量，每天你會創造好幾次奇蹟。奇蹟可不是在水上行走，而是在當下此刻，行走在綠色大地，欣賞周遭的平靜與美麗。每次走路時，我都會創造這樣的奇蹟。只要你願意，隨時都能創造走路的奇蹟。

大地之母

行走時，我們接觸大地。能確實貼近大地
── 孕育這星球所有生命的母親，是無上的
喜樂。練習行禪的同時，我們也該覺察到，
腳下是活生生的存有，不僅支持著我們，還
有世上所有生靈。大地之母已經受到了許多
傷害，我們現在應該帶著愛，好好用步伐親
吻腳下的土地。走路時請保持微笑，專注在
當下這一刻。這麼一來，你便將行走之處化
為一片樂土。

大地的印記

我們時時刻刻都在走路，但多半是不得已而為之，因為我們總是趕去做下一件事。如果是這種走法，就是在大地留下焦慮與傷痛的印記。我們可以換個方式，只留下和平與寧靜的印記。每個人都辦得到，就連孩子也不例外。如果我們能這樣跨出一步，就能跨出兩步、三步、四步，甚至五步。當我們跨出平靜而快樂的步伐，就是為人類全體多跨出平靜而快樂的一步。

觸摸平靜

平靜的種子在我們周圍隨處可見，存在於世間與大自然裡。平靜也同樣在我們身體裡、精神中。行走這個動作，能澆灌我們內在的平靜種子。正念的步伐帶領我們，培養時時刻刻觸摸平靜的習慣。

與樓梯的約定

跟你最常走的那道樓梯定下協議，立下決心，每次走在這道樓梯上都練習行禪。不論是上樓還是下樓，絕不要心不在焉地跨出任何一步。請確實投入練習，如果幾步之後，發現自己思緒飄走，就回到起步的位置，重新爬這段樓梯。二十多年前，我與我的樓梯訂下這個約定，這帶給我極大的樂趣。

在國會山莊走路

有一次，我們在華盛頓特區，為國會議員與
工作人員舉辦靜修營。有些學員後來天天持
續練習行禪。那裡的每個人行走如風，所以
得特別用功，練習靜修營教的方法，其中有
幾個人真的堅持了下去。他們告訴我，從辦
公室到投票地點，是他們一定會練習行禪的
一段路。有了這樣的練習，即便碰上最緊繃
紛擾的會期，他們也能安然度過。

與他人同行

我曾經和兩、三千人的大型團體一起練習行禪。這股力量非常強大,因為每個人一次只踏出一步,而且全然專注在那個步伐上。請試著安排時間,在一天當中,你有很多機會,練習帶著正念走路。你也可以與他人相互打氣,或是找個朋友跟你同行。如果你帶著孩子,可以牽起他的手一起走。

功夫筆記

「功夫」一詞，意指每天用功練習。需要天天練習的，不僅限於學習武術，走路也是一種方式。在一天末了，你也許會反省並寫下這一天的練習，也就是走路、呼吸、微笑或說話時的心得。如果一整天你都沒有享受走路，那就太可惜了。雙腳長在你身上，不好好利用，是你的損失，也是一種浪費。現在有人點出這個事實了，以後你可不能說：「沒人告訴我，好好利用雙腳非常重要啊。」

練習的成果

如果你帶著無上的溫柔與喜樂，在這美麗的星球上行走，就是活在平靜之中。在佛教修行裡，大慈大悲的觀世音菩薩行走世間，帶著微笑駕馭生死之浪。我們應該也能效法這樣的精神，在走路的同時，回到當下的家，這就是練習，以及練習的果實。這是值得活著的片刻。

穿上鞋子

每一天，你都會穿上鞋子，走去某個地方，所以你每天都有機會練習正念，不需多花時間。脫下鞋子、穿上鞋子，這些也是練習與享受的時刻。

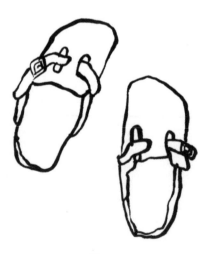

佛陀的腳

為你的雙腳注入正念的能量，你的腳就成了
佛陀的腳。也許你看過有人用佛陀的腳走
路；這只要觀察就看得出來，一點都不難。
如果你有輛電動車，需要花幾小時充電，但
是以正念的能量為雙腳充電，要不了半小
時。正念的力量立刻升起。然而，要不要用
佛陀的腳來走路，這是你的選擇。

邊走邊聊

走路時，我們常會跟身邊的人聊天，或者想著待會要做些什麼，甚至有人會盯著手機，一點都沒注意身在何處，或該往哪裡去。走路時，試著走路就好，不要一邊走路、一邊說話。如果你有話要說，請停下來說。這不會多花時間。講完之後，再繼續走。

在監獄裡行禪

我有個朋友,她是一位比丘尼,畢業於印第安納大學英國文學系,之後在越南修行。但因為公開呼籲和平,被警方逮捕,關進監獄。在牢房中,她盡可能修習行禪與坐禪。這可不容易,要是獄卒白天看到她在禪修,就認定她故意找麻煩,所以她得等到夜裡熄燈後才能練習。儘管牢房只有十呎見方,她還是練習行禪。儘管牢方剝奪她很多自由,卻拿不走她修行的決心。

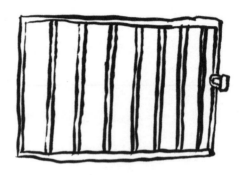

尋找自在

如果走路這件事有難度,或者碰到挑戰,請先暫停。讓呼吸帶領你,不要勉強。有一次我在某個機場,旅客非常多。大家都擠在我身旁,我完全無法走路,一步也跨不出去。我想在人群中擠過去,但接著我停下腳步,想起我其實什麼都不必做。於是,我漸漸放鬆,因為我感覺到正在走路的是佛陀,不是我。如果是我在走路,或許就沒有這麼自在、慈悲了。一旦停步放鬆下來,就能自由自在地走。機場還是擁擠如故,但我的每一步都放慢下來,充滿自在與喜樂。

為他人而走

有時我會說，我是為了母親而走，或說，我父親正開心地與我同行。我為父親而走，也為母親而走。我為了我的老師而走，也為我的學生而走。或許你的父親從不明白該如何帶著正念走路，也不曾享受這樣的時光。於是，我為他而走，我們倆同樣從中受益。

走一段長長的路

佛陀在菩提迦耶悟道後，在附近的蓮花池邊
行禪。後來，他想和鹿野苑的朋友分享自己
的洞察，便從菩提迦耶步行到鹿野苑訪友。
他獨行在稻田與森林中，至少花了兩星期才
抵達目的地，但佛陀享受自己走的每一步。
等到佛陀遇見故友們，便開始第一次說法。

涅槃

涅槃無法言傳。你得自己體會。如果你從沒
吃過奇異果，沒人能告訴你那滋味是什麼。
最好的辦法，就是將一片奇異果送進嘴裡，
你馬上就知道滋味如何。涅槃也是如此。你
得自行體會涅槃的奧妙；在每個步伐中，都
可以找到答案。你甚至不必走到生命盡頭，
才進入涅槃的境界。這一點也不玄妙，也並
非遙不可及。如果你跨出的每一步，都引領
你來到自由的彼岸，那麼你就體會到涅槃的
滋味了。

走回家

走路能將身與心帶回一體。身心合一,我們才能真正回到當下。走路時,我們回到自己的家。如果一邊走、一邊說話,或是盤算待會要做的事,就不可能享受吸氣與呼氣,也無法完全享受此時此地。我們不必勉強自己吸氣,因為呼吸的動作隨時在進行。我們只要將專注力放在呼吸與走路。要不了多久,你就回到身體的家,而你也就安住在此時此地了。

集體的能量

如果和他人一起走路，所集結的集體正念會產生非常大的力量，療癒到每個人。當我們同行，產生出正念的能量，回到此時此地，可以感受到天堂就在腳下；你環顧四周，發現自己身在天堂。

培養正念的能量

我們一面走，一面生起正念的能量。腦子裡不必東想西想，只要覺察雙腳與地面接觸。如果你注意到這接觸的感覺，就能得到療癒的力量。不必等到集體練習，也不用特別規畫時間。每次從某處前往另一個地方，都能運用行禪的技巧。不論是從客廳到廚房，下車走去辦公室，好好地享受每一步。停止雜念，不要說話，感覺腳底撫觸大地。如果你能享受每一步，就可以擁有不錯的練習品質。

穩定

一旦過去或未來都不能讓你動搖分毫,那麼每個步伐都是確實穩定的。你完全安住在當下此刻。穩定與自由是快樂的基礎。如果你不夠穩定,就不可能自由。因此每一步,都要培養更多的穩定與自由。走路時,可以告訴自己:「我腳踏實地,我是自由的。」這不是自我暗示,也不是自以為是,而是一種了悟。如果全然安住當下,每一個步伐,都會讓你了悟這個真理。

放下過去

多數人走路時並沒有戴著枷鎖，但也並非全然自由。過去的悔恨與傷痛，綑綁著我們，於是我們流連在過去，持續受苦。過去是一只牢籠，現在我們有了開鎖的鑰匙，回到當下此刻。吸氣時，將心帶回身體這個家，每跨出一步，就抵達此時此地。這裡有陽光綠樹，還有小鳥在歡唱。

照看未來

有些人是未來的囚徒。我們不知道下一刻會發生什麼,但是過度擔憂未來,等於住進了這個牢籠。決定真正未來的,只有一個關鍵,那就是當下。未來還能是什麼樣子呢?如果我們知道如何盡力過好當下,就能預約一個美好的未來。藉由照看當下此刻,打造未來。而照看當下的工夫,包括正念的呼吸,享受每個吸氣與呼氣的過程。你跟著每個步伐,抵達自己創造的未來。請創造一個充滿平靜與慈悲的未來。

傾聽你的肺

讓你的肺決定你的呼吸，絕對不要勉強。走路時，每一步都跟著呼吸的節奏，別讓呼吸將就步伐。或許一開始，吸氣走兩步、呼氣走三步。隨著步伐繼續，如果肺告訴你，吸氣時三步、呼氣時五步比較順，那就聽從肺的決定。如果你在爬山，每次呼吸能跨出的步子，自然會減少。我注意到行禪時，通常

是吸氣走四步、呼氣走六步。但爬山時,吸氣時減為兩步,呼氣走三步。如果山徑陡峭,我可能吸氣走一步,呼氣走兩、三步,甚至只有一步。我們要懂得調整。走路時學習傾聽身體,會讓每一步都走得很舒暢。

重新連結

有時我去拜訪遠方的朋友或學生,他們都希望繼續保持聯絡。但過去四十年來,我沒用過電話。多數人常講電話,但這不代表與他人的溝通管道順暢。我也沒有電子郵件。跟我聯絡並不需要電話或電腦,只要帶著正念,從家裡走到公車站,享受其中的每一步,我們之間就有了連結。每次有人問到我的住址,我會說:「就是此時此地。」

心不在焉

許多年來，我們都活得心不在焉，「失念」是「正念」的反面。正念，是記得生命本身就是奇蹟；我們身在此處，應該活出生命的深度。大家都知道要盡力活在當下，但常常忘了這麼做。我們需要老師或朋友來提醒自己。地球就是我們的老師。它永遠都在，迎接你的腳步，讓你身心穩定且腳踏實地。

訓練自己

有些人第一次參加正念行禪，就能抵達當下。有的人要多花一些時間，因為內在奔波的慣性太強。我記得有一天，一位來自巴黎的記者訪問我。專訪前，我們邀請他一起行禪，整個過程中他非常不好受。後來他承認，自己簡直快累慘了，因為他習慣匆匆趕路，帶著正念慢慢走，對他來說根本是件苦差事！也因此，我們必須訓練自己好好走路，讓每一步都解除奔波競爭的慣性，好好連結此時此地，發現生命周遭的奇蹟。

每一步都是抗拒的行動

我們的每一步，都是抗拒忙碌的革命。每一個正念的步伐，彷彿在說：「我不想再跑了。我要停下來，過自己的生活，我不想錯失生命的奇蹟。」當你真實抵達當下，內在的平靜會油然而生，因為你不必再掙扎。每個腳印，都蘊藏著平靜，上頭有著「此時此地」的印記。你可以花上三、五分鐘或十分鐘，好好品味抵達此時此地、像家一般的感受，甚至更久都可以。一小時的練習，就能啟動這樣的革命。

認知身體

我們的身體是個奇蹟。但這身體總有一天會崩解，我們必須接受這個事實。表面上看，有生死之別，有無之分，但往深一層看，你會瞭解，還有一個宇宙體，存在於生死與有無之外。一波海浪或許不會持續太久，也就是說，海浪的實體壽命只有五秒、十秒，甚至二十秒。但海浪屬於海洋的一部分；她來自海洋，終將回歸海洋。如果你帶著正念走路，而你的專注與洞察又帶著力量，那麼你的每一步，都能觸及你的宇宙體，一切的恐懼與不確定，都會消弭於無形。

培養正念行走的習慣

每當你要前往某處，即便只需三到四步那樣短的距離，一樣能練習正念行走。很快地，這就會變成習慣。你會發現，不論是接電話，還是去泡茶，都能帶著正念行走。起先，你可能也不明白，為何自己不再匆忙，為何進門時多了一點喜悅。培養每天行禪的習慣，不必花費分毫，也不必挪出時間，因為你平時就得走路。

成為模範

當你帶著正念行走，即便你自己沒有發覺，在旁觀者的眼中，你已經成了模範。大家看到你走起路來，帶著平靜、自由與喜樂，都會心生嚮往，起而效之。於是我們毫不費力，共同創造了更為和平、喜悅的氣氛。

意願

享受你的步伐與呼吸，有了這個意願其實還不夠，你需要正念與洞察。如果你踏出的每一步都帶給你喜悅，那是因為每一步裡都有正念與洞察。少了洞察，你不可能享受吸氣與呼氣。而享受呼吸跟享受走路都無法勉強。帶著正念呼吸，保持覺察地踏出每一步，自然而然就會感到喜悅。

你的腳底

你可以將專注力放在腳底。感受腳底與大地接觸那一刻。你實實在在地踩在腳上，而不是飄浮在腦袋裡。接觸美麗的大地之母，就是這樣的感受。

四處行走

在佛陀的時代，沒有車子、沒有火車，更沒有飛機。有時佛陀會搭船逆流而上，或是前往河的對岸。但多數時候他採取步行。在佛陀長達四十五年的說法生涯中，他造訪了十四到十五個小國，大都分布在古印度與尼泊爾境內。這可得走上好一陣子。佛陀的教法與洞見、很多體悟，都出自他四處行走的旅途中。

沿著恆河步行

我第一次飛抵印度時,降落前有十五分鐘的時間靜觀飛機下方巴特那(Patna)市的景色,那是我第一次看到恆河。我剛出家時,學到「恆河沙數」是用來形容恆河之沙難以計數。我在飛機上往下看,看到恆河河岸散落著佛陀步行的足跡。佛陀確曾沿著河岸來回多次,大概有四十五年之久。他帶著智慧與慈悲,分享佛法的實踐,度化眾生,包括國王、高官、拾荒者,以及貧苦大眾。

不修行的修行

佛陀步行時，似乎沒有刻意禪修。他並沒有利用什麼特別的方法，佛陀有的只是跟我們一樣的雙腳，但他享受走路。最好的修行方式看起來彷彿「不修行」，但是很深刻。你不必過度用力，也不必掙扎，只需享受走路。佛陀在《四十二章經》裡說：「吾法念無念念，行無行行，言無言言，修無修修。」如果你的練習出於自然，而你的內心充滿喜悅，就是最好的修行。你不必裝出一副修行的模樣，練習效果卻一樣深入。

企圖

行禪，是在走動時不帶目的或企圖的練習。
正念行走的意思，是走路時覺察到每個步
伐、每個呼吸。我們甚至可以在公事會議中
練習正念呼吸，或在超市停車場行禪。讓步
伐放慢、放鬆、平靜。不必趕時間，沒有非
去不可的地方，不慌不忙。帶著正念行走，
可以釋放傷痛與擔憂，讓身心重獲平靜。

愛地球

我們愛上某人或某事時，與這個人或這件事的界線就消融了。我們會盡一切力量，為所愛的人事物努力，而這行動本身會帶來很大的喜悅與滋養。如果我們這樣對待地球，在地球上行走時就會更加溫柔。

在戶外行走

打開門，走向戶外的新鮮空氣裡，我們馬上浸淫在空氣、大地等自然元素中。走路時，我們知道腳下的一切都是活生生的。我們踩著的大地，並非毫無生氣的物質。從這個角度看待地球，走路時會生出無比的敬意與虔誠，就像走進教堂或聖殿這類神聖的所在。我們的每一步都帶著全然的覺察。這樣的步伐，充滿拯救生命的力量。

早晨的步行

每天早上醒來、著裝後，我會離開房間去散步。通常天色還沒亮，我輕輕地行走，覺察周遭的自然環境，以及逐漸暗淡的群星。我想到了地球，想到自己還能在上面行走，決定：「我要走進自然裡，享受所有美好的事物，享受自然的奇妙。」我的內心充滿喜樂。

在市區行走

試著在日常生活中，練習正念行走。前往公車站的路上，也可以練習行禪。即便周遭充斥噪音與喧囂，你的步伐還是可以跟著呼吸的節奏。在熙來攘往的大城市裡，你走路時依舊能平靜而快樂，內心帶著微笑。這就是全然活出生命中的每一天及每一刻。

愛的覺察

正念行走時，帶著愛與理解。我們可以深深覺察到地球上的每一個事物。我們看到枝椏上的樹葉帶著春天的新綠，夏天轉為生氣勃勃的鮮綠，秋天則是飽滿的橘黃與紅色，冬天時儘管枝椏光禿禿的，樹幹依舊挺直，堅定而美麗，內裡孕育著新生。大地之母接收了落葉，分解之後成為樹的養分，讓群樹持續生長茁壯。

我們並非獨自行走

走路時，我們並不是踽踽獨行。我們的父母與祖先始終與我們相伴，他們活在我們體內，在每一個細胞裡。所以，每一步帶來的療癒與喜悅，同樣會感染我們的父母與祖先。每個正念的步伐都能轉化我們，以及與我們同在的所有先人，這還包括了動物、植物與礦物的先祖。我們不光是為了自己而走，也為了家人和全世界而走。

回歸

我們不必等到生命結束的那一刻，才回歸大地之母。其實，我們現在已經在回歸大地的過程中。身體裡，每個時刻都有數以千計的細胞死去、新的細胞誕生。不論何時，當我們呼吸、行走，我們都是在回歸大地。

感 恩

行禪的每一步，都可以帶著感恩與喜樂，因為我們的腳下就是地球。腳步可以放輕，這是在敬仰孕育我們的大地之母，而我們是她的一部分。我們行走的地球是如此神聖。在母親身上行走，怎麼能不充滿敬意呢。不論我們走在哪裡，都是走在大地之母身上，所以不管身在何處，都如同置身聖殿之中。

全身全心

如果你一邊走路，一邊想著，該買什麼菜、下個會議該怎麼辦，那就別假裝你帶著正念走路了。請用你的整個身心來走路。每一步都蘊藏了洞見，每一步都帶著快樂。每一步裡，都有愛──對地球、對所有生物，還有對我們自己的愛與慈悲。為什麼要這樣走路呢？為了連結偉大的地球，連結周遭的世界。有了這樣的連結，我們完全覺察到在地球上行走的美好之處，每一步都能滋養我們、療癒我們。帶著這種洞察力跨出三十步，就是三十次滋養、療癒自己的機會。

覺醒

行禪讓人覺醒，看到生活的美好時光。如果腦子裝滿憂慮，糾結受苦，或是走路時分心思考，那就無法練習正念，也不能享受當下此刻。如此便錯過了生命。然而，如果能保持清醒，就能看到，當下是生命帶來的美妙時光，也是生命唯一能給予我們的。我們看重每一步，每一步都能帶來快樂，因為我們與生命連結，與快樂的根源連結，也與我們所愛的地球連結。

以走路代替開車

有時候，我們並不需要車子代步。但是我們想要逃離自己，便下樓開車。如果能重複這句話：「發動車子前，我知道要去哪裡。」這就會像一道手電筒的光 —— 讓我們明白，自己也許哪兒都不必去。不論去到哪裡，我們都無法逃離自己。有時最好將車子熄火，出門散步。這樣可能還更愉快些。

按摩地球

帶著正念行走,雙腳等於在按摩地球。我們的每一步,都在散播喜悅與快樂的種子。於是每走一步,都能開出花來。

慢慢來

請挪出足夠的時間走路。如果從車子走到家門這段路，你通常只花三分鐘，現在請改成八到十分鐘。去機場時，我一向多給自己一小時，抵達之後便可以練習行禪。有時朋友來訪，喜歡待到最後一刻，我多半會拒絕。我告訴他們，我需要多一點時間，所以提早道別。

走路是慶祝

走路時，如果你覺察到自己的生命，就是一種覺醒。你覺知到自己有個身體，你已然醒悟。當你覺知到雙腳有足夠的力量，讓你享受步行，你也有所醒覺。走路可以是一種慶祝。當你如此呼吸，就是在歡慶生命。

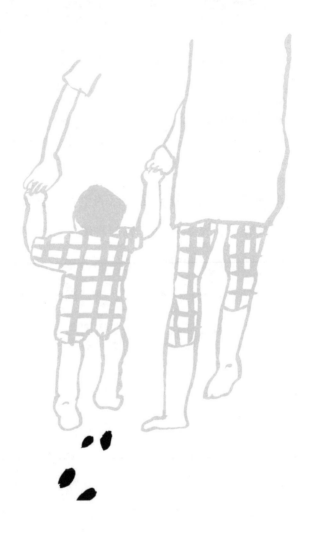

與孩子同行

與孩子同行，是練習正念的美妙機會。小朋友偶爾會想跑到前頭，等著你趕上他。孩子就是正念的提示，提醒我們生命是多麼的美好。孩子哭鬧或吵嚷時，我們可以提醒孩子，行禪是找回平靜的奇妙方法。跟孩子一起走，不用特別說話，只要走在他們旁邊。大人的呼吸能溫柔地帶領孩子，讓他們跟著呼吸走。

行走的禪修

呼吸與行禪

我們的吸氣通常比呼氣短一些。因此吸氣時，依據自己的肺容量，走兩、三步。如果吸氣時，你的肺要你走兩步，那就只走兩步。如果你覺得可以走三步，就給自己三步。呼氣時，同樣聽從自己的肺，讓它決定該跨出幾步。剛開始，練習吸氣兩步、呼氣三步：二，三；二、三；二，三。過一陣子，可以拉長到三，四或三，五。如果你覺得吸氣時可以多走一步，就讓自己多享受那麼一步。呼氣時，如果想讓自己多跨一步，就在呼氣時多跨一步。每走一步，都應該是一種享受。

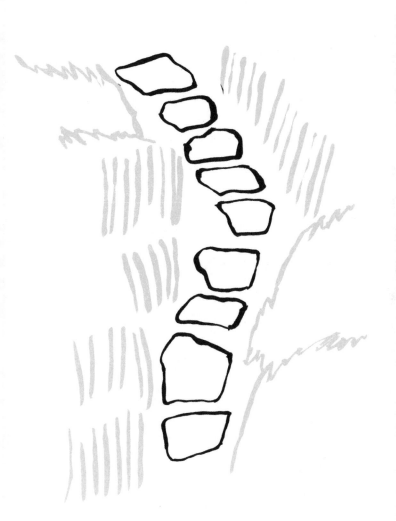

讓佛陀呼吸

幾年前，我到南韓首爾市區帶領一場大規模
的行禪活動。活動開始時，幾百名攝影師聚
攏過來，我發現簡直走不動，因為無路可
走。於是我說：「親愛的佛陀，我放棄了。
請你替我走。」佛陀馬上到來，他開始走。
路馬上空出來。這次經歷之後，我寫了幾首
詩，任何時候都適用，尤其在走路與呼吸都
十分困難的時刻，特別有效。

讓佛陀呼吸，
讓佛陀步行。
我無須呼吸，
我無須步行。

佛陀在呼吸，
佛陀在步行。
我享受呼吸，
我享受步行。

佛陀就是呼吸，
佛陀就是步行。
我是呼吸，
我是步行。

這裡只有呼吸，
這裡只有步行。
這裡無人呼吸，
這裡無人步行。

呼吸而安樂，
行走而安樂。
安樂就是呼吸，
安樂就是步行。

與詩同行

你可以帶著修行的偈頌同行。結合呼吸與步伐，按照詩的韻律行走。稍微調整詩的節奏，配合你的步伐。有時我吸氣走兩步、呼氣走三步；有時是吸氣三步、呼氣四步。呼氣多半比吸氣長，特別是剛開始行走的時候。你可以改變詩句，增減字數，來配合腳步的節奏。如果是慢跑或快跑方式的冥想，可以改成吸氣四步、呼氣五步。平和地安住在詩的意境裡，留在當下，別讓思緒跑遠。也不要太過詩情畫意，反而忽略了練習。練習的主旨，在於培養更多專注。

吸、吐。

深、緩。

平靜、自在。

微笑、放鬆。

此時此地。

美好的當下。

心中那座島嶼

我常常依靠這詩句來修習:「回到心中那島
嶼。」每當生命成了波濤洶湧的汪洋,我們
要謹記,自己內在有座平靜的島嶼。生活有
高低起伏,有來有去,有得有失。安住在心
中島嶼,你便安全了。佛陀入滅前教導我
們,不要依靠任何人或任何事物給予庇護,
而歸依內在的島嶼。吸氣時跨出兩步,說:
「歸依。」呼氣時跨三步,說:「心中那島
嶼。」或者說:「我回來,我歸依。」你可
以更動練習時所選擇的詩句。

吸口氣，我回到
我心中那座島嶼
在那島嶼上
有美麗的樹。
還有清澈的小溪，
有小鳥、
陽光和空氣。
吐口氣，我安住。
我享受回到
我的島嶼。

慢慢走

一個人的時候，可以練習慢步行禪。挑個三公尺的距離，在這距離間來回，每次吸氣走一步，呼氣時走一步。跨出第一步的同時，在心裡說：「我到了。」下一步跨出時，可以說：「到家了。」如果不是百分百地安住於此時此地，請停步，別再跨出去。挑戰自己。繼續吸氣、呼氣，直到你覺得自己百分之百到達了此時此地。然後，帶著勝利的微笑，跨出第二步。這麼做是為了學習新的習慣，安住於當下的習慣。

家庭練習

睡前與孩子出門慢慢散步。十分鐘就夠了。如果孩子想要，可以手牽手一起走。孩子會接收到你的專注與穩定，你則會感受到孩子的無邪與清新。小朋友練習行禪時，或許會喜歡這首短詩。吸氣時對自己說：「對耶，對耶，對耶。」呼氣時說：「謝謝，謝謝，謝謝。」我碰到很多小朋友，都非常喜愛這首詩。

到達此時此地

有些人不需要這些字句來幫助自己專注，但在練習初期，偈頌非常有用。這能幫助我們專心，安住在此時此地。吸氣時走兩步，對自己說：「我到了，我到了。」呼氣時走三步，對自己說：「到家了，到家了。」這不是宣言，而是練習。到達此時此地，堅決地停下來，絕不再跑了。吸氣時，你可以說：「到了，到了。」呼氣時，說：「到家了，到家了，到家了。」花一些時間說「到了，到家了」之後，可以改說「此地，此時」。然後可再換成「不動，自在」。

我到了。
到家了，
在此地，
在此時。

我不動，
我自在，
如實中，
我安住。

美麗的道路

我的思緒可以散亂於十方，
但我平安地走在這美麗的道路；
每一步，微風送涼；
每一步，百花盛放。

我們的念頭常四散跳躍，像是猴子般，從樹梢盪到另一處枝頭，從不停下休息。念頭可以通往上百萬個去處，於是我們總被念頭牽著走，迷失在心不在焉的狀態中。若能把行走的道路轉為禪修的沃土，雙腳就能帶著全然的覺察，踏出每一步，同時呼吸與腳下同步，心自然平靜。每一步，都會增加內在的安樂，帶來平靜的能量，流過我們的身體。

歸依大地

當我們回到自身，歸依內在的島嶼，我們就成為自己的家，同時也能提供他人庇護。身心百分百投注於行禪，能夠釋放你的憤怒、恐懼、絕望。每一步，都能表達對地球的愛。走路時，你可以說：

每一步，
我回到地球的家。
每一步，
我回到自己的根。
每一步，
我歸依大地之母。

走路時，你也可以說：

我愛地球。
我愛上地球了。

給地球的信

親愛的大地之母,

每一次我踩在地球上,我都要讓自己明白,我正走在妳身上。每一回我把腳放在地球上,我便有機會接觸妳,以及地上所有的奇蹟。親愛的母親,每一步我都體會到,妳不只是在我腳下,同時也在我體內。每個正念與溫柔的步伐都能滋養我、療癒我,讓我在當下與自己連結,與妳連結。

帶著這樣的精神走路,我體會到覺醒。我覺察到自己活著,而生命是寶貴的奇蹟。我清楚意識到自己從不孤單,也永遠不會死

去。每一個步伐中，妳都在我體內，也與我同在，滋養我、擁抱我，引領我到未來。親愛的母親，我今天承諾回報妳的愛；我會帶著愛與溫柔，在妳身上踏出每一步，來實踐這個願望。我不只是走在實物之上，也在精神上行走。

相關書籍

《覺醒的喜悅》（*Awakening Joy*）

  詹姆士・巴拉茲（James Baraz）與蘇珊娜・
  亞歷山大（Shoshana Alexander）合著

《自在》（*Be Free Where You Are*） 一行禪師 著

《呼吸，你活著》（*Breathe, You are Alive!*）

            一行禪師 著

《深度放鬆》（*Deep Relaxation*）

    真空法師（Sister Chan Khong）著

《幸福》（*Happiness*）   一行禪師 著

《怎麼吃》（*How to Eat*）   一行禪師 著

《怎麼愛》（*How to Love*）   一行禪師 著

《怎麼坐》（*How to Sit*）   一行禪師 著

《步步幸福：快樂行禪指引》
（*The Long Road Turns to Joy*） 　　　　　一行禪師 著

《回到家，我看見真心：讓家成為修行的空間》
（*Making Space*） 　　　　　一行禪師 著

《涅槃之前》（*Not Quite Nirvana*）
　　　　　　　　瑞秋‧紐曼（Rachel Neumann）著

《栽種種子》（*Planting Seeds*）
　　　　　　　　一行禪師與梅村僧團 合著

《十次呼吸得快樂》（*Ten Breaths to Happiness*）
　　　　　　　　格倫‧施奈德（Glen Schneider）著

《世界是愛人，也是自己》
（*World as Lover, World as Self*）
　　　　　　　　喬安娜‧梅西（Joanna Macy）著

國家圖書館出版品預行編目資料

怎麼走 / 一行禪師（Thich Nhat Hanh）著 ; 張怡沁譯. --
初版. -- 臺北市 : 大塊文化, 2016.09
面 ; 公分. -- (smile ; 126) (跟一行禪師過日常)
譯自 : How to walk
ISBN 978-986-213-730-7（平裝）

1. 佛教修持 2. 生活指導

225.87   105014968